AF532824
Strauchschicht
Wurzelschicht

WIR SIND DIE TIERE DES WALDES

Noch mehr tolle Bücher, viele Videos und Ideen zum Basteln, Rätseln, Backen, Zeichnen und Spielen gibt's hier: *baumhausbande.com*

Die Bastei Lübbe AG verfolgt eine nachhaltige Buchproduktion. Wir verwenden Papiere aus nachhaltiger Forstwirtschaft und verzichten darauf, Bücher einzeln in Folie zu verpacken. Wir stellen unsere Bücher in Deutschland und Europa (EU) her und arbeiten mit den Druckereien kontinuierlich an einer positiven Ökobilanz.

Originalausgabe

Umschlagillustration und -gestaltung: Alexandra Helm
Buchgestaltung und Satz: Markus Lefrançois
Schriften: Carrara | Berliner Grotesk | Active
Druck und Einband: Grafisches Centrum Cuno, Calbe
Printed in Germany
ISBN 978-3-8339-0942-9

5 4 3 2 1

Sophie Schoenwald • Alexandra Helm

WIR SIND DIE TIERE DES WALDES

INHALTSVERZEICHNIS

6 ... Vorwort

7 ... Gedicht

 8 ... Wanderlibelle

 8 ... Baumpieper

 9 ... Buntspecht

 9 ... Reh

 10 ... Monarchfalter

 10 ... Fink

 11 ... Baummarder

 11 ... Rotfuchs

 12 ... Meerschweinchen

 12 ... Rothunde

 13 ... Nachtigall

 13 ... Lerche

 14 ... Grüner Baumphyton

 14 ... Dreihornchamäleon

 15 ... Springfrosch

 15 ... Gewöhnlicher Flugdrache

 16 ... Luchs

 16 ... Wolf

17 ... Moorschneehuhn

 17 ... Aguti

 18 ... Koboldmaki

 18 ... Glühwürmchen

 19 ... Vampirfledermaus

 19 ... Wiesenrauten-Kapuzeneule

 20 ... Webspinne

 20 ... Nashornvogel

 21 ... Siebenschläfer

 21 ... Grizzlybär

 22 ... Wildkatze

 22 ... Waldkauz

 23 ... Kleines Hasenmaul

 23 ... Brüllaffe

 24 ... Brillenbär

 24 ... Brillenschlange

 25 ... Kragenbär

 25 ... Kragenechse

 26 ... Mufflon

 26 ... Rentier

 27 ... Waldmaus

 27 ... Waldmurmeltier

28 ... Mandrill
28 ... Rosenkäfer
29 ... Tabakschwärmer
29 ... Wandelndes Blatt
30 ... Quetzal
30 ... Baumozelot
31 ... Eichelhäher
31 ... Azteca Ameise
32 ... Okapi
32 ... Giraffenhalskäfer
33 ... Stachel-Zwergchamäleon
33 ... Röhrenlippen-Langnasenfledermaus
34 ... Waldschildkröte
34 ... Bärtierchen
35 ... Rotkehlchen
35 ... Wasserspitzmaus
36 ... Wiesenschaumzikade
36 ... Bombadierkäfer
37 ... Zecke
37 ... Taubenschwänzchen
38 ... Sternmull
38 ... Ameisenbär

39 ... Gefleckte Prachtlibelle
39 ... Mäusebussard
40 ... Saola
40 ... Amurleopard
41 ... Buchdrucker
41 ... Waschbären
42 ... Biene
42 ... Rote Waldameise
43 ... Großer Panda
43 ... Jaguar
44 ... Zobel
44 ... Hermelin
45 ... Wapiti
45 ... Elch
46 ... Hummelfledermaus
46 ... Bienenelfe
47 ... Wisent
47 ... Goliathkäfer

48–57 ... Wo die wilden Tiere wohnen
Borealer Nadelwald / Tropischer Regenwald / Laubmischwald / Hartlaubwald / Trockenwald

58–63 ... Baumrekorde
Höchster / Mächtigster / Ältester / Allerältester / Dickster / Schwerster Baum der Welt

© Foto: privat

Ich heiße Mona, ich erforsche und schütze Tierarten in den Wäldern der Erde. Wusstest du schon, dass der Wald für uns überlebenswichtig ist? Die vielen Bäume reinigen unsere Luft und produzieren Sauerstoff, den wir zum Atmen brauchen. Wälder sind außerdem Lebensraum für unzählige Tier- und Pflanzenarten, die in einem Gleichgewicht zusammenleben. Jedes Tier hat dabei seine eigene Geschichte, Fähigkeiten und einen wichtigen Platz im Ökosystem Wald. Ob oben in den Baumkronen, auf dem Waldboden unter Moos und Blättern, in Höhlen oder Bauten, überall begegnest du faszinierenden Tierarten.

Die allermeisten gibt es im tropischen Regenwald, mehr als in jedem anderen Landlebensraum der Erde. Hier gibt es lautlose Jäger, wie den sechs Meter langen Netzpython, Basilisken, die über das Wasser laufen können, oder giftige Pfeilgiftfrösche, die ihre Kaulquappen Huckepack tragen. Leider sind die Regenwälder durch Rodung bedroht und damit auch ihre Bewohner. Um sie besser schützen zu können, müssen wir sie verstehen. Als Forscherin versuche ich, herauszufinden, wie die Tiere dort leben, was sie fressen und wer ihre Feinde sind. Viele Tiere leben nämlich so verborgen, dass man bis heute noch gar nichts über sie weiß. So wie der Schnabeligel: Seit 60 Jahren dachte man, er wäre schon ausgestorben. Aber vor Kurzem wurde er in den Wäldern Indonesiens doch tatsächlich wiederentdeckt. Und das nur, weil er zufällig an einer Kamerafalle vorbeigelaufen ist. Er sieht aus wie eine Mischung aus Maulwurf, Igel und Ameisenbär – man glaubt es kaum.

In diesem Buch wirst du viele weitere faszinierende Waldbewohner kennenlernen.

Lass uns eintauchen in die spannende Welt der Tiere des Waldes!

Dr. Mona van Schingen-Khan • Bundesamt für Naturschutz, Bonn

Wir sind die Tiere des Waldes

Wir fliegen fort, bleiben daheim,
leben im Schwarm und ganz allein.
Können pfeifen und auch singen,
kriechen und extrem weit springen.
Wir sind Jäger oder Beutetier,
wir sind Geister und Vampir.

Wir bauen Nester, graben Höhlen,
wir sind lautlos, können grölen.
Wir tragen Brille oder Kragen,
wiederkäuen und wir nagen.
Wir fallen auf, wir könn' uns tarnen,
wir locken an oder wir warnen.

Länge Hälse, lange Zunge,
sehr, sehr alte und ganz junge.
Wir spucken und wir saugen,
lange Nasen, viele Augen.
Sind die Letzten, sind zu viele,
leben in Staaten, in Exilen.
Tragen Pelz oder Geweih,
sind federleicht und schwer wie Blei.

*Wer rastet, der rostet.
Ich fliege einfach immer dem guten Wetter hinterher. Manchmal überquere ich dafür sogar Ozeane. Deshalb kann es sein, dass ich an Orten auftauche, die über 7000 km von dem Ort entfernt sind, wo ich zuletzt gesichtet wurde. Was ich mit dem Springfrosch gemeinsam habe? Ich kann auch übers Wasser laufen, indem ich meine Beine wie Scheren benutze.*

Wanderlibelle

GRÖSSE:	4–6 cm
GEWICHT:	1–2 g
LEBENSDAUER:	1 Jahr
NAHRUNG:	kleinere Flug-Insekten
LEBENSRAUM:	Gewässer, Waldseen, Feuchtgebiete
VERBREITUNG:	Weltweit außer Antarktis

WIR FLIEGEN FORT,

*Reisende soll man nicht aufhalten.
Wir Baumpieper fliegen jedes Jahr Tausende von Kilometern durch Europa bis zu unseren Winterquartieren in Afrika. Es ist ein Leben voller Abenteuer, Reisen und Entdeckungen. Und jedes Jahr kehren wir zurück zu unseren Brutgebieten, um erneut zu brüten und eine neue Generation von Baumpiepern auf die Reise zu schicken.*

Baumpieper

GRÖSSE:	ca. 15 cm
GEWICHT:	20–30 g
LEBENSDAUER:	bis zu 7 Jahre
NAHRUNG:	Raupen, Spinnen, Insekten, Würmer
LEBENSRAUM:	offene Landschaften, Wälder
VERBREITUNG:	Europa, Asien, Afrika

Buntspecht

GRÖSSE:	20–24 cm
GEWICHT:	60–100 g
LEBENSDAUER:	ca. 7 Jahre
NAHRUNG:	holzbewohnende und freilebende Insekten, Larven, Spinnen
LEBENSRAUM:	Wälder
VERBREITUNG:	Europa, Asien, Nordafrika

Klopf, klopf ...
Bitte keine Klopf-klopf-Witze auf meine Kosten. Ich bleibe im Winter daheim und habe mich darauf spezialisiert, an Bäume zu hämmern: um Weibchen anzulocken, um mir eine Höhle zu bauen (dauert ungefähr drei Wochen) oder um an Insekten und Larven zu kommen, die ich mit meiner 10 cm langen Zunge fange. Und nenn mich nicht Schluckspecht. Ja, ich zapfe Birken und Ahornbäume an, um an ihren leckeren Saft zu kommen. In dem Saft ist aber kein Alkohol.

BLEIBEN DAHEIM ...

Klein, aber fein. Ich bin die kleinste Hirschart in Europa und habe auch das kleinste Revier im Wald, das ungefähr 7 Hektar groß ist. Das entspricht in etwa zehn Fußballfeldern. In deinem Garten würde es mir also wahrscheinlich zu eng werden. Als Pflanzenfresser ernähre ich mich hauptsächlich von Blättern, Gräsern und Knospen. Ich bin schnell, wendig und sehr anpassungsfähig. Wenn ich mich bedroht fühle, renne ich nicht, sondern springe davon. Bis zu 3 m hoch und bis zu 10 m weit.

Reh

GRÖSSE:	50–110 cm (Schulterhöhe)
GEWICHT:	20–30 kg
LEBENSDAUER:	ca. 10–15 Jahre
NAHRUNG:	junge Gräser, Knospen, Kräuter und im Winter die grünen Blätter von Brom- und Himbeeren
LEBENSRAUM:	Wälder, Felder, Wiesen
VERBREITUNG:	Europa, Asien, Nordafrika

Zusammen sind wir stark. Ich bin ein Wanderfalter und lege jedes Jahr Tausende Kilometer zurück. Meine Art ist bekannt für ihre einzigartige Wanderung zwischen Nordamerika und Mexiko. Im Oktober kommen nicht Hunderte oder Tausende, sondern Millionen von uns in der Sierra Nevada südlich von Mexiko City an, um unser Winterquartier zu beziehen.

Monarchfalter

GRÖSSE:	9–10 cm
GEWICHT:	0,5–1 g
LEBENSDAUER:	6–8 Wochen
NAHRUNG:	Raupen: Seidenpflanzen der Gattung Asclepias, Schmetterlinge: Nektar
LEBENSRAUM:	Nordamerika
VERBREITUNG:	Kanada, USA, Mexiko

… LEBEN IM SCHWARM UND GANZ ALLEIN.

Fink

GRÖSSE:	11–17 cm
GEWICHT:	ca. 10–20 g
LEBENSDAUER:	ca. 2 Jahre
NAHRUNG:	Samen, Früchte, Knospen
LEBENSRAUM:	Wälder, Gärten, Parks
VERBREITUNG:	Europa, Asien, Nordamerika

Ich singe, wie mir der Schnabel gewachsen ist! Ich bin ein Schwarmtier. Wir leben in großen Gruppen zusammen, fliegen gemeinsam und teilen unser Wissen über die besten Futterplätze. Mit unserer Hilfe konnte übrigens Darwin seine Evolutionstheorie beweisen. Er hat uns auf den Galapagosinseln besucht und bemerkt, dass sich unsere Schnäbel je nach Umweltbedingungen unterschiedlich entwickelt haben.

In den sauren Apfel beiße ich genauso gerne wie in Autokabel. Denn manchmal verstecke ich mich unter Motorhauben. Dort ist es schön warm, dunkel und eng. Ich bin sehr schlank und ein genauso guter Kletterer wie das Eichhörnchen. Allein und in Ruhe turne ich nachts durch die Baumwipfel meines Reviers auf der Jagd nach kleinen Säugetieren, Fröschen, Vögeln, aber auch Früchten und Beeren.

Baummarder

GRÖSSE:	60–90 cm
GEWICHT:	1,5–4 kg
LEBENSDAUER:	6–8 Jahre
NAHRUNG:	kleine Säugetiere, insbesondere Eichhörnchen, Waldvögel, deren Gelege, Frösche, Schnecken, Insekten und Regenwürmer
LEBENSRAUM:	Wälder, Mischwälder
VERBREITUNG:	Europa, Asien

Rotfuchs

GRÖSSE:	40–50 cm
GEWICHT:	3–7 kg
LEBENSDAUER:	3–4 Jahre
NAHRUNG:	Wühlmäuse und andere kleine Nagetiere, aber auch Regenwürmer, Käfer sowie Vögel und deren Gelege
LEBENSRAUM:	Wälder, Felder, Städte
VERBREITUNG:	Europa, Asien, Nordamerika

In der Ruhe liegt die Kraft. Ich streife gerne allein durch mein Revier. So jage ich am liebsten und so fällt es mir leichter, Feinden wie z. B. Wölfen aus dem Weg zu gehen. Das gelingt mir gut, denn ich bin ein schlauer Fuchs! Du erkennst mich leicht an meinem rotbraunen Fell, meinem spitzen Kopf und meinem buschigen Schwanz.

Nicht das Schwein pfeift, sondern ich! Das ist meine Art, mit meinen Freunden zu kommunizieren und sie zu warnen, wenn Gefahr droht. Wenn ich nicht pfeife, fresse ich wahrscheinlich. Das ist nämlich meine Lieblingsbeschäftigung. Das passt ganz gut, denn meine Zähne wachsen ein Leben lang weiter. Durch die Knabberei nutzen sie sich aber glücklicherweise wie von selbst ab.

Meerschweinchen

GRÖSSE:	ca. 20–30 cm
GEWICHT:	700–1200 g
LEBENSDAUER:	4–8 Jahre
NAHRUNG:	Gräser, Blätter, Kräuter, Gemüsepflanzen
LEBENSRAUM:	Steppen, Wiesen, Wälder
VERBREITUNG:	Südamerika

Wir pfeifen aus dem letzten Loch. Wir verständigen uns nämlich sogar durch Pupse! Aber das bleibt bitte unter uns. Wir haben übrigens unsere eigene evolutionäre Linie. Wir stammen also nicht vom langweiligen Wolf ab. Und wir sind wichtige Bestäuber – wie die Bienen. Wir tragen in unserem Fell Pollen durch die Gegend.

Rothunde

GRÖSSE:	60–100 cm
GEWICHT:	20–40 kg
LEBENSDAUER:	8–10 Jahre
NAHRUNG:	Hirsche, Rehe, Steinböcke, Wildschafe und Wildschweine
LEBENSRAUM:	Wald- und Buschlandschaften, Savannen
VERBREITUNG:	Afrika

Nachtigall, ick hör dir trapsen? Nein, Nachtigall, ick hör dir singen, muss es heißen. Wenn ich auf Brautsuche bin, singe ich manchmal die ganze Nacht hindurch. Mein Gesang ist so berühmt, dass viele Musiker und Dichter sich von mir inspirieren lassen.

Nachtigall

GRÖSSE:	ca. 16 cm
GEWICHT:	20–30 g
LEBENSDAUER:	bis zu 8 Jahre
NAHRUNG:	Insekten, Larven, Regenwürmer, Spinnen, Beeren und saftige Früchte
LEBENSRAUM:	Laub- und Mischwälder, Gärten, Parks
VERBREITUNG:	Europa, Nordafrika, Asien

KÖNNEN PFEIFEN UND AUCH SINGEN …

Lerche

GRÖSSE:	ca. 15 cm
GEWICHT:	ca. 40 g
LEBENSDAUER:	bis zu 5 Jahre
NAHRUNG:	Samen, Beeren, Insekten, Larven, Spinnen, Regenwürmer und kleine Schnecken
LEBENSRAUM:	Laub- und Mischwälder, Wiesen, Heiden
VERBREITUNG:	Europa, Asien, Nordafrika

Morgenstund hat Gold im Schnabel! Ich bin ein Frühaufsteher und morgens sofort gut gelaunt. Ich fliege hoch in den Himmel und erfreue euch stundenlang mit meinem Gesang, der auch als Himmelsmusik bezeichnet wird. Die unter euch, die sich eher den Eulen zuzählen, sind bisweilen genervt von mir …

Ich krieche nicht zu Kreuze, sondern in die Bäume. Dort schlängle ich mich um einen Ast und warte auf Beute: Vögel, Echsen und kleine Säugetiere. Ich kann meine Hautfarbe von Grün zu Braun ändern, um mich besser zu tarnen. Wenn ich mich bedroht fühle, blähe ich mich auf wie ein Luftballon, um mich größer zu machen.

Grüner Baumpython

GRÖSSE:	bis zu 2 m
GEWICHT:	bis zu 20 kg
LEBENSDAUER:	bis zu 25 Jahre
NAHRUNG:	Säugetiere, Jungtiere von: Amphibien, Reptilien und Vögel
LEBENSRAUM:	Regenwälder
VERBREITUNG:	Nordostaustralien, Neuguinea, Indonesien

… KRIECHEN UND EXTREM WEIT SPRINGEN.

Dreihornchamäleon

GRÖSSE:	25–40 cm
GEWICHT:	50–70 g
LEBENSDAUER:	bis zu 10 Jahre
NAHRUNG:	Insekten
LEBENSRAUM:	Regenwälder in Afrika
VERBREITUNG:	Madagaskar und Ostafrika

Ich habe doch nicht laufen gelernt, um zu kriechen! Doch ihr Menschen bezeichnet alle Reptilien, mich eingeschlossen, als Kriechtiere. Mit meinen drei Hörnern sehe ich ein bisschen so aus wie ein Mini-Triceratops. Mir entgeht nichts. Ich kann mit meinen Augen unabhängig voneinander in verschiedene Richtungen schauen.

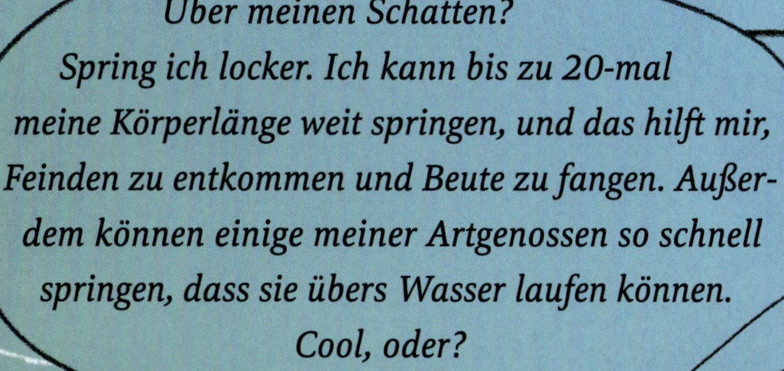

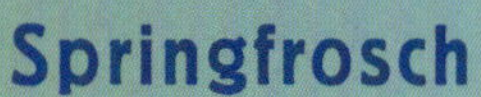

Springfrosch

GRÖSSE:	5–10 cm
GEWICHT:	bis zu 20 g
LEBENSDAUER:	3–5 Jahre
NAHRUNG:	Insekten (insbesondere Käfer), Spinnen, Schnecken und Regenwürmer
LEBENSRAUM:	Flussläufe durch Hartholzauen, lichte Mischwälder, Waldränder
VERBREITUNG:	weltweit

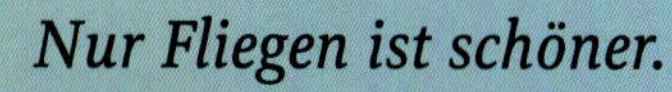

Nur Fliegen ist schöner.
Aber der springende Punkt ist, dass ich gleite. Ich habe besondere Hautlappen, die ich ausbreite, um durch die Luft zu segeln. Wenn ich in Gefahr bin, lasse ich mich einfach fallen und gleite davon.

Gewöhnlicher Flugdrache

GRÖSSE:	bis zu 23 cm
GEWICHT:	bis zu 10 g
LEBENSDAUER:	bis zu 5 Jahre
NAHRUNG:	Insekten, hauptsächlich baumbewohnende Ameisen
LEBENSRAUM:	Südostasien, Indonesien, Philippinen
VERBREITUNG:	Tropische Wälder

Nicht umsonst sagt man: Augen und Ohren wie ein Luchs. Mein gutes Gehör und meine scharfen Augen machen mich zu einem gefährlichen Jäger. Und stark bin ich auch. Ich erlege Schafe und Ziegen, aber auch Hirsche, die bis zu viermal so groß sind wie ich.

Luchs

GRÖSSE:	0,8–1,3 m
GEWICHT:	20–38 kg, je nach Region
LEBENSDAUER:	10–15 Jahre, in Haltung bis 25 Jahre
NAHRUNG:	Huftiere wie Rehe, Hirsche, Gämsen, junge Wildschweine, Hasenartige, Füchse, Dachse, Marder und Vögel
LEBENSRAUM:	Wälder, Buschland, felsige Berghänge
VERBREITUNG:	Europa bis Ostasien

Warum ich so große Zähne habe, wollte schon Rotkäppchen wissen. Außer großen Zähnen braucht es zusätzlich viel Geduld und Erfahrung, um ein erfolgreicher Jäger zu werden. Ich gehe übrigens nie allein, sondern immer im Rudel auf die Jagd. Große Beutetiere, wie Elche, können wir nur in Gemeinschaft erlegen. Wenn ich auf der Jagd bin, geht es nicht nur ums Fressen, sondern auch ums Überleben. Unsere Beute ist oft schlauer als gedacht, und wir müssen uns ihren Tricks und Taktiken anpassen. Aber wenn der Plan aufgeht und ich mit einem saftigen Stück Fleisch im Maul zurückkehre, dann weiß ich, dass es sich gelohnt hat. Die Natur ist unser Zuhause, und die Jagd gehört einfach dazu.

Wolf

GRÖSSE:	1,1–1,5 m
GEWICHT:	30–60 kg
LEBENSDAUER:	bis zu 13 Jahre
NAHRUNG:	hauptsächlich Reh-, Rot-, Schwarzwild
LEBENSRAUM:	Wälder, Halbwüsten, Kältesteppen, Buschland
VERBREITUNG:	Asien, Europa, Nordamerika

Ich bin berühmt!
Man kennt mich aus einem Computerspiel der 00er-Jahre: der Moorhuhnjagd. Ganz so einfach wie in dem Spiel bin ich nicht zu jagen. Im Winter, bei Schnee, färbt sich mein Gefieder weiß, so bin ich gut getarnt.

Moorschneehuhn

GRÖSSE:	38 cm
GEWICHT:	550–750 g
LEBENSDAUER:	9 Jahre
NAHRUNG:	grüne Pflanzenteile, Beeren, Samen, Moose, Pilze, Insekten
LEBENSRAUM:	Wälder, Moore, Tundra
VERBREITUNG:	Nordamerika, Nordeuropa, Nordasien

Aguti

GRÖSSE:	42–62 cm
GEWICHT:	1,5–4 kg
LEBENSDAUER:	18 Jahre in Haltung
NAHRUNG:	Samen, Nüsse, Früchte, Wurzeln
LEBENSRAUM:	feuchte Tieflandwälder, Buschland, Savannen
VERBREITUNG:	Südmexiko, Mittelamerika, Kolumbien, Ecuador

Die Harten kommen in den Garten!
Wir Agutis können bereits eine Stunde nach unserer Geburt laufen, und dann nehmen wir unsere Arbeit auf: Wir sind die Gärtner des Dschungels. Wir sammeln und vergraben fleißig unsere Nüsse und Samen, und da wir manchmal vergessen, wo wir sie vergraben, sprießen wieder neue Pflanzen. So sichern wir die Samenausbreitung im Dschungel.

Koboldmaki

GRÖSSE:	12–15 cm
GEWICHT:	85–135 g
LEBENSDAUER:	ca. 2 Jahre
NAHRUNG:	Insekten, Spinnen, Skorpione, kleine Krebse, Schnecken, kleinere Echsen, Jungvögel und Fledermäuse
LEBENSRAUM:	Wälder
VERBREITUNG:	Südostasien

Manche Menschen finden mich zum Fürchten. Das liegt wahrscheinlich an meinen riesigen, wie Untertassen großen Augen und meinen langen dürren Fingern. Dabei bin ich als eine der kleinsten Primatenarten völlig harmlos. Jedes meiner Augen ist übrigens größer als mein Gehirn. Das sagt aber nichts über meine Intelligenz aus. Ich bin nämlich sehr clever.

… WIR SIND GEISTER UND VAMPIR.

Ich kann im Dunkeln leuchten wie ein Irrlicht oder ein kleiner Stern. Wie ich das mache? Ich habe ein Enzym namens Luciferase in meinem Popo, das mit Sauerstoff und anderen Chemikalien reagiert und so ein helles Licht erzeugt. Damit locke ich zur Paarung oder schrecke Feinde ab.

Glühwürmchen

GRÖSSE:	5–25 mm
GEWICHT:	weniger als 1 g
LEBENSDAUER:	34 Monate als Larve, 5–10 Tage als Glühwürmchen
NAHRUNG:	Nackt- und Gehäuseschnecken
LEBENSRAUM:	Wälder, Parks, Gärten und Feuchtgebiete
VERBREITUNG:	weltweit in gemäßigten Zonen

Vampirfledermaus

GRÖSSE:	7–9 cm (ohne Flügelspannweite)
GEWICHT:	20–45 g
LEBENSDAUER:	bis 10 Jahre
NAHRUNG:	Blut
LEBENSRAUM:	Regenwälder, trockene Wälder, Graslandschaften
VERBREITUNG	von Mexiko bis Südamerika

Wiesenrauten-Kapuzeneule

GRÖSSE:	Flügelspannweite 3,5–4,5 cm
GEWICHT:	weniger als 1 g
LEBENSDAUER:	bis zu einem Jahr
NAHRUNG:	Nektar und Blut (nur die Männchen)
LEBENSRAUM:	Felder, Grasland und lichte Wälder
VERBREITUNG:	Europa, Asien und Nordafrika

Webspinne

GRÖSSE:	bis zu 5 mm
GEWICHT:	nicht messbar
LEBENSDAUER:	wenige Wochen
NAHRUNG:	Insekten
LEBENSRAUM:	tropische und subtropische Regionen
VERBREITUNG:	Lateinamerika

Gemeinsam sind wir stark. Wir sind die Anelosimus Eximus und leben in großen Familien mit bis zu 50.000 Geschwistern. Zusammen weben wir riesige Netze, die mehrere Meter breit werden können. Bei uns macht übrigens jeder das, was er am besten kann: Aggressivere Zeitgenossen verteidigen unser Netz und gehen auf Beutefang, zahmere Verwandte kümmern sich um die Brutpflege.

WIR LEBEN IN NESTERN

Pünktlich wie die Maurer! Sobald wir ein geeignetes Nest gefunden haben, fange ich an, es zu verschließen – ja, du hast richtig gehört! Ich vermauere das Loch des Nests mit Kot, Schlamm und anderen Materialien, um meine Partnerin und unsere Eier vor Feinden zu schützen. Sobald unser Nachwuchs schlüpft, öffne ich das Nest wieder, und wir kümmern uns gemeinsam um die Aufzucht unserer Kinder.

Nashornvogel

GRÖSSE:	1–1,2 m
GEWICHT:	bis zu 25 kg
LEBENSDAUER:	bis zu 50 Jahre
NAHRUNG:	Früchte, Insekten, kleinere Wirbeltiere
LEBENSRAUM:	Regenwälder Afrikas
VERBREITUNG:	Zentralafrika

Wie unser Name es schon vermuten lässt: Wir schlafen echt gerne und echt lange in unseren kleinen Erd- oder Baumhöhlen – gerne auch mal über sieben Monate, wenn der Winter länger anhält. Sind wir dann wach, klettern wir wie Spiderman durch die Bäume – unsere Fußsohlen ähneln kleinen Saugnäpfen und sind immer etwas feucht, so können wir sogar kopfüber Wände runterlaufen.

Siebenschläfer

GRÖSSE:	17 cm
GEWICHT:	130 g
LEBENSDAUER:	9 Jahre
NAHRUNG:	Bucheckern, Eicheln, Nüsse, Samen, Knospen, Rinde, Pilze, Früchte
LEBENSRAUM:	Wälder, Obstgärten
VERBREITUNG:	Mittel- und Südeuropa

ODER HÖHLEN …

In die Höhle des Löwen? Ist bei Weitem nicht so gefährlich, wie meine zu betreten. Obwohl es hier recht gemütlich ist. Den Boden habe ich mit trockenen Gräsern, Zweigen und Blättern gepolstert, und eine Speisekammer, in der ich meine Beute aufbewahre, gibt es auch. In der kalten Jahreszeit döse ich hier bis zu sechs Monate vor mich hin. Ein guter Gastgeber bin ich allerdings nicht. Wer mich besuchen kommt, der endet wahrscheinlich in meiner Speisekammer.

Grizzlybär

GRÖSSE:	1,4–2,8 m
GEWICHT:	180–360 kg
LEBENSDAUER:	20–25 Jahre
NAHRUNG:	Beeren, Gräser, Kräuter, Nüsse, Fische, Vögel, selten größere Huftiere
LEBENSRAUM:	Wälder, Tundra, Gebirge
VERBREITUNG:	Nordamerika

Ich komm auf sehr leisen Sohlen daher, obwohl ich meine Beute meistens mit einem Sprung aus dem Versteck heraus überrumple. Das kennst du vielleicht von deiner Katze zu Hause, aber im Gegensatz zu ihr mag ich keine Menschen und will auch nicht mit dir kuscheln.

Wildkatze

GRÖSSE:	ca. 50–70 cm
GEWICHT:	3–6 kg
LEBENSDAUER:	bis zu 16 Jahre
NAHRUNG:	Mäuse, Vögel, Insekten
LEBENSRAUM:	Wälder, Gebirge
VERBREITUNG:	Europa, Asien

... WIR SIND LAUTLOS,

Da hat mir wohl jemand den Kopf verdreht. Ich habe als einer der wenigen Vögel Augen, die nach vorn gerichtet sind und die ich kaum bewegen kann. Um trotzdem alles mitzubekommen, was um mich herum passiert, kann ich meinen Kopf fast einmal komplett herumdrehen, was ziemlich gruselig aussieht. Außerdem gleite ich lautlos durch die Nacht. Aufgrund meiner besonderen Federn macht mein Flügelschlag keine Geräusche.

Waldkauz

GRÖSSE:	ca. 40 cm
GEWICHT:	ca. 300–600 g
LEBENSDAUER:	ca. 10–15 Jahre
NAHRUNG:	Mäuse, Maulwürfe, Ratten, Vögel, Jungkaninchen
LEBENSRAUM:	Wälder, Parks, Friedhöfe
VERBREITUNG:	Europa, Asien, Nordamerika

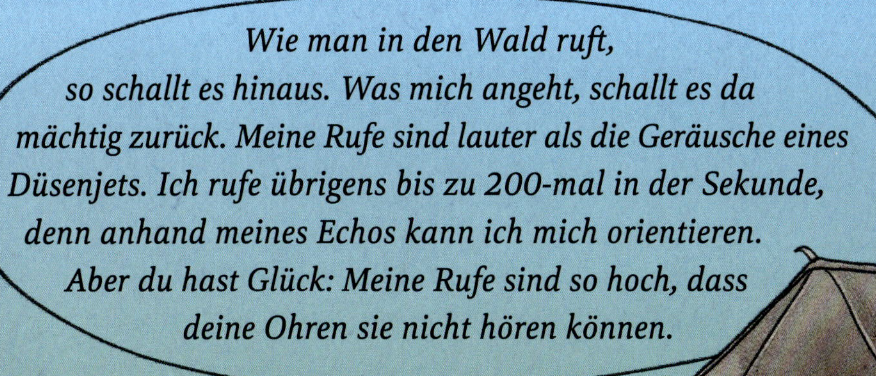

Kleines Hasenmaul

GRÖSSE:	ca. 10 cm
GEWICHT:	ca. 15 g
LEBENSDAUER:	bis zu 3 Jahre
NAHRUNG:	Insekten
LEBENSRAUM:	Wälder und Gärten
VERBREITUNG:	Europa und Asien

KÖNNEN GRÖLEN.

Gut gebrüllt, Löwe? Gut gebrüllt, Affe, wolltest du wohl sagen. Ich kann so laut brüllen, dass man mich noch mehrere Kilometer entfernt hören kann. Aber keine Sorge, ich brülle nicht aus Ärger, sondern um mit meinen Artgenossen zu kommunizieren und mein Revier zu markieren.

Brüllaffe

GRÖSSE:	ca. 70–90 cm
GEWICHT:	3–7 kg
LEBENSDAUER:	bis zu 20 Jahre
NAHRUNG:	Blätter, Früchte, Blüten
LEBENSRAUM:	Regenwald
VERBREITUNG:	Mittel- und Südamerika

Brillenbär

GRÖSSE:	1,20–1,90 m
GEWICHT:	100–200 kg
LEBENSDAUER:	bis zu 20 Jahre
NAHRUNG:	überwiegend Pflanzen, selten auch Insekten, Vögel und Aas
LEBENSRAUM:	Bergwälder und Regenwälder
VERBREITUNG:	Südamerika

Du Brillenschlange! Ich darf doch sehr bitten. Brillenschlange ist definitiv kein Schimpfwort. Ich bin eine indische Kobra und gelte bei Hindus und buddhistischen Mönchen sogar als heilig. Meine Brille trage ich allerdings nicht auf der Nase, sondern auf der Rückseite meines Halsschildes.

Brillenschlange

GRÖSSE:	40–80 cm
GEWICHT:	bis zu 1 kg
LEBENSDAUER:	bis zu 20 Jahre
NAHRUNG:	Kleinsäuger und andere Wirbeltiere, Amphibien, Reptilien und Vögel, sowie Vogeleier
LEBENSRAUM:	Wälder und Buschland
VERBREITUNG:	Südostasien

Kragenbär

GRÖSSE:	1,80 m
GEWICHT:	150 kg
LEBENSDAUER:	43 Jahre (in menschlicher Obhut)
NAHRUNG:	Allesfresser
LEBENSRAUM:	Wälder gemäßigter, subtropischer und tropischer Zonen
VERBREITUNG:	Süd- und Ostasien

Ich rede mich um Kopf und Kragen, wenn ich dir erzähle, dass ich eigentlich Mondbär heiße. Glaubst du nicht? Ist aber so! Am Hals habe ich nicht nur besonders langes Fell, das an einen Kragen erinnert, sondern auch eine v-förmige weiße Fellfärbung – und die sieht aus wie ein Halbmond.

WIR TRAGEN BRILLE ODER KRAGEN …

Den Kragen umdrehen ist eine Redewendung, die ich wörtlich nehme! Wenn ich mich bedroht fühle, kann ich meinen Nackenkragen aufstellen und so meine Größe verdoppeln – das schreckt viele Feinde ab. Mein Kragen dient auch dazu, Wärme zu speichern und Feuchtigkeit abzugeben. Und wusstet ihr schon, dass ich in der Lage bin, meinen Schwanz abzuwerfen, um Feinden zu entkommen? Keine Sorge, er wächst wieder nach!

Kragenechse

GRÖSSE:	60–90 cm
GEWICHT:	0,5–1 kg
LEBENSDAUER:	bis zu 15 Jahre
NAHRUNG:	Heimchen, Grillen, Heuschrecken, Schaben
LEBENSRAUM:	trockene Wälder und Buschland
VERBREITUNG:	Nordaustralien

Mit dem Kopf durch die Wand? Kein Problem mit meinen charakteristisch gewundenen Hörnern, die man Schnecken nennt. Aber keine Angst, die setze ich nur bei Revierkämpfen ein oder um mich zu verteidigen. Als Mufflon bin ich ein wahrer Feinschmecker und genieße am liebsten die saftigen Kräuter und Gräser auf den Bergwiesen.

Mufflon

GRÖSSE:	80–130 cm
GEWICHT:	35–50 kg
LEBENSDAUER:	bis zu 20 Jahre
NAHRUNG:	Kräuter, Gräser, Knospen und Triebe von Sträuchern und Jungbäumen
LEBENSRAUM:	Gebirge, Wälder und Steppen
VERBREITUNG:	Europa und Kleinasien

… WIR WIEDERKÄUEN UND WIR NAGEN.

Da liegen die Rentiere begraben! Natürlich nicht wortwörtlich, aber als Rentier weiß ich, dass es in der Arktis manchmal gar nicht so einfach ist, an Futter zu kommen. Deshalb graben wir Rentiere uns manchmal den Schnee weg, um an das saftige Flechtenmoos zu gelangen. Wir finden immer einen Weg, um unsere hungrigen Bäuche zu füllen – schließlich müssen wir fit bleiben für den Schlitten vom Weihnachtsmann.

Rentier

GRÖSSE:	1,60–2,10 m
GEWICHT:	70–150 kg
LEBENSDAUER:	bis zu 15 Jahre
NAHRUNG:	Gräser, Moose, Pilze, Rentierflechten
LEBENSRAUM:	Tundra und boreale Wälder
VERBREITUNG:	Arktis und Subarktis

Am Hungertuch nagen nur die armen Kirchenmäuse. Ich bevorzuge Samen, Früchte und Gräser. An Baumrinden nage ich auch. Das sieht der Förster allerdings nicht so gerne. Meine Zähne sind fast so hart wie Diamanten. Es gibt kein Tier, dass härtere Zähne hat als ich.

Waldmaus

GRÖSSE:	6–10 cm
GEWICHT:	10–30 g
LEBENSDAUER:	1–2 Jahre
NAHRUNG:	Samen, Früchte, Insekten
LEBENSRAUM:	Wälder, Felder, Wiesen und menschliche Siedlungen
VERBREITUNG:	weltweit

Und täglich grüßt das Waldmurmeltier! Dabei grüßen wir eigentlich nicht, sondern pfeifen, so verständigen wir uns untereinander und warnen vor Gefahren. Einen weiteren Schutz vor Feinden bieten unsere großen Nagezähne: Mit ihnen bauen wir riesige unterirdische Tunnelanlagen. Und verirrt sich doch mal ein Eindringling darin, können wir uns hervorragend verteidigen. Gut, dass die Zähne ein Leben lang weiterwachsen, bei so viel Arbeitseinsatz wären wir sonst sehr schnell zahnlos.

Waldmurmeltier

GRÖSSE:	40–65 cm
GEWICHT:	bis zu 14 kg, abhängig vom Nahrungsangebot
LEBENSDAUER:	3–6 Jahre
NAHRUNG:	Pflanzenfresser
LEBENSRAUM:	Nadel-, Laub- und Mischwald, Tundra
VERBREITUNG:	Nordamerika

Mandrill

GRÖSSE:	55–120 cm (Männchen), 50–66 cm (Weibchen)
GEWICHT:	20–120 kg (Männchen), 10–15 kg (Weibchen)
LEBENSDAUER:	30 Jahre
NAHRUNG:	Früchte, Samen, Blätter, Pilze und Wurzel. Gelegentlich Insekten oder kleine Wirbeltiere wie Frösche und Echsen
LEBENSRAUM:	Regenwälder und Feuchtgebiete
VERBREITUNG:	Zentralafrika

Mir braucht man kein Feuerchen unter dem Hintern zu machen. Der ist eh schon knallrot. Noch bunter ist aber mein Gesicht. Ich sehe aus, als ob ich in einen Farbtopf gefallen wäre. Je bunter mein Gesicht, desto höher stehe ich in der Rangordnung.

Ich bin ein wahrer Prachtkerl. Meine Flügeldecken sind ganz glatt, und so schillert mein gesamter Körper in einem faszinierenden Grün. Je nachdem wie die Sonne auf mich scheint, glänze ich auch golden. Baumsaft, reife Früchte und Nektar sind meine Leibspeise. In ihrer Nähe kannst du mich also gut finden.

Rosenkäfer

GRÖSSE:	2–3 cm
GEWICHT:	sehr leicht, nur wenige Gramm
LEBENSDAUER:	einige Wochen bis einige Monate
NAHRUNG:	Nektar, Pollen, Blütenblätter, Pflanzensaft und reife Früchte
LEBENSRAUM:	Wälder und Gärten
VERBREITUNG:	weltweit

Mundgeruch macht einsam. Kann aber auch dabei helfen zu überleben. Im Raupenstadium lebe ich auf Tabakpflanzen. Über kleine Hautöffnungen atme ich in gewisser Weise den miefigen Nikotingeruch wieder aus. Das macht mich für meine Fressfeinde wie z. B. die Wolfsspinne unappetitlich. Später, wenn ich zum Schmetterling geworden bin, schützt mich meine Tarnung vor Feinden. Und falls mich doch einer entdeckt, flattere ich einfach davon. Mit bis zu 50 km/h.

Tabakschwärmer

GRÖSSE:	10–12 cm
GEWICHT:	5–10 g
LEBENSDAUER:	einige Wochen bis einige Monate
NAHRUNG:	Nachtschattengewächse wie Tabak und Tomate
LEBENSRAUM:	Wälder und Gärten
VERBREITUNG:	weltweit

WIR FALLEN AUF, WIR KÖNN' UNS TARNEN ...

Wandelndes Blatt

GRÖSSE:	2,5–12 cm
GEWICHT:	weniger als 1 g
LEBENSDAUER:	6 Monate bis 1 Jahr
NAHRUNG:	Blätter
LEBENSRAUM:	tropische Wälder
VERBREITUNG:	Südostasien

Gemeinsam sind wir ein wandelndes Lexikon. Kleiner Spaß. Wir sind absolute Profis in der sogenannten Mimese. Das bedeutet, dass wir Gestalt, Farbe und Haltung eines Teils unseres Lebensraums annehmen. Wenn Fressfeinde sich nähern, schaukeln wir ein wenig hin und her und sehen dann so aus wie ein Blatt, das sich im Wind bewegt.

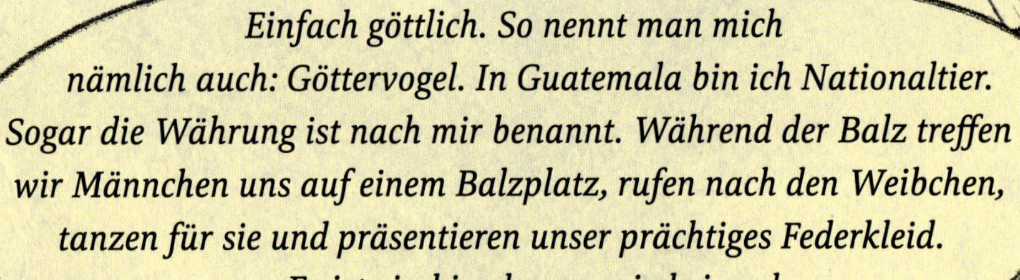

Quetzal

GRÖSSE:	35–38 cm
GEWICHT:	ca. 200 g
LEBENSDAUER:	5–7 Jahre
NAHRUNG:	insbesondere die Früchte der wild wachsenden Avocadobäume
LEBENSRAUM:	Nebelwälder
VERBREITUNG:	Mittelamerika

... WIR LOCKEN AN ODER WIR WARNEN.

Baumozelot

GRÖSSE:	50–80 cm
GEWICHT:	3–6 kg
LEBENSDAUER:	12–15 Jahre
NAHRUNG:	Ratten, Hörnchen, Beutelratten, Affen, Vögel
LEBENSRAUM:	Regenwälder und Dschungel
VERBREITUNG:	Mittel- und Südamerika

Ich mach mich zum Affen ... Aber nicht ohne Grund. Dank meiner scharfen Krallen und kräftigen Beine bin ich ein herausragender Kletterer, und du findest mich oft in den Kronen tropischer Bäume. Wenn ich gut versteckt im Blätterwerk den kläglichen Ruf eines Affenbabys imitiere, kommen schnell besorgte Affeneltern zu mir geklettert. Na ja, die werden dann gefressen.

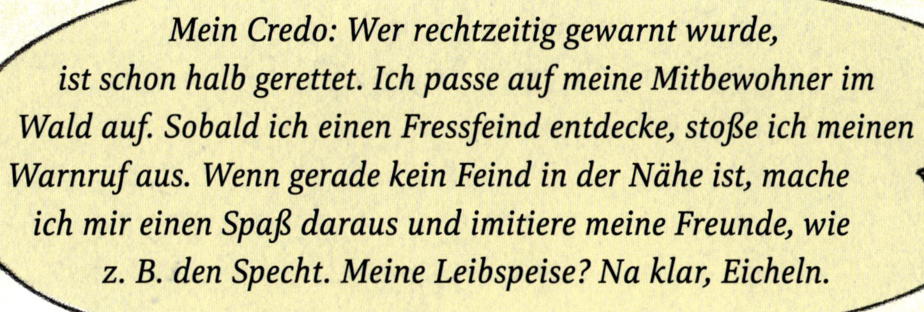

Eichelhäher

GRÖSSE:	ca. 30 cm
GEWICHT:	ca. 120 g
LEBENSDAUER:	ca. 7 Jahre
NAHRUNG:	Eicheln, Bucheckern, andere Sämereien, Beeren, Obst und Nüsse
LEBENSRAUM:	Wälder, Parks, Gärten
VERBREITUNG:	Europa, Asien, Nordafrika

Azteca Ameise

GRÖSSE:	ca. 1 cm
GEWICHT:	keine Angabe
LEBENSDAUER:	keine Angabe
NAHRUNG:	Akaziennektar
LEBENSRAUM:	Regenwälder
VERBREITUNG:	Zentral- und Südamerika

Ich warne euch! Das ist mein Baum. Meine Familie und ich leben in einer symbiotischen Beziehung mit Akazienbäumen. Wir sind sehr aggressiv und greifen alles an, was sich unserem Baum nähert. Sogar kleine Säugetiere. Im Gegenzug spendet uns die Akazie Nahrung und bietet uns Unterschlupf.

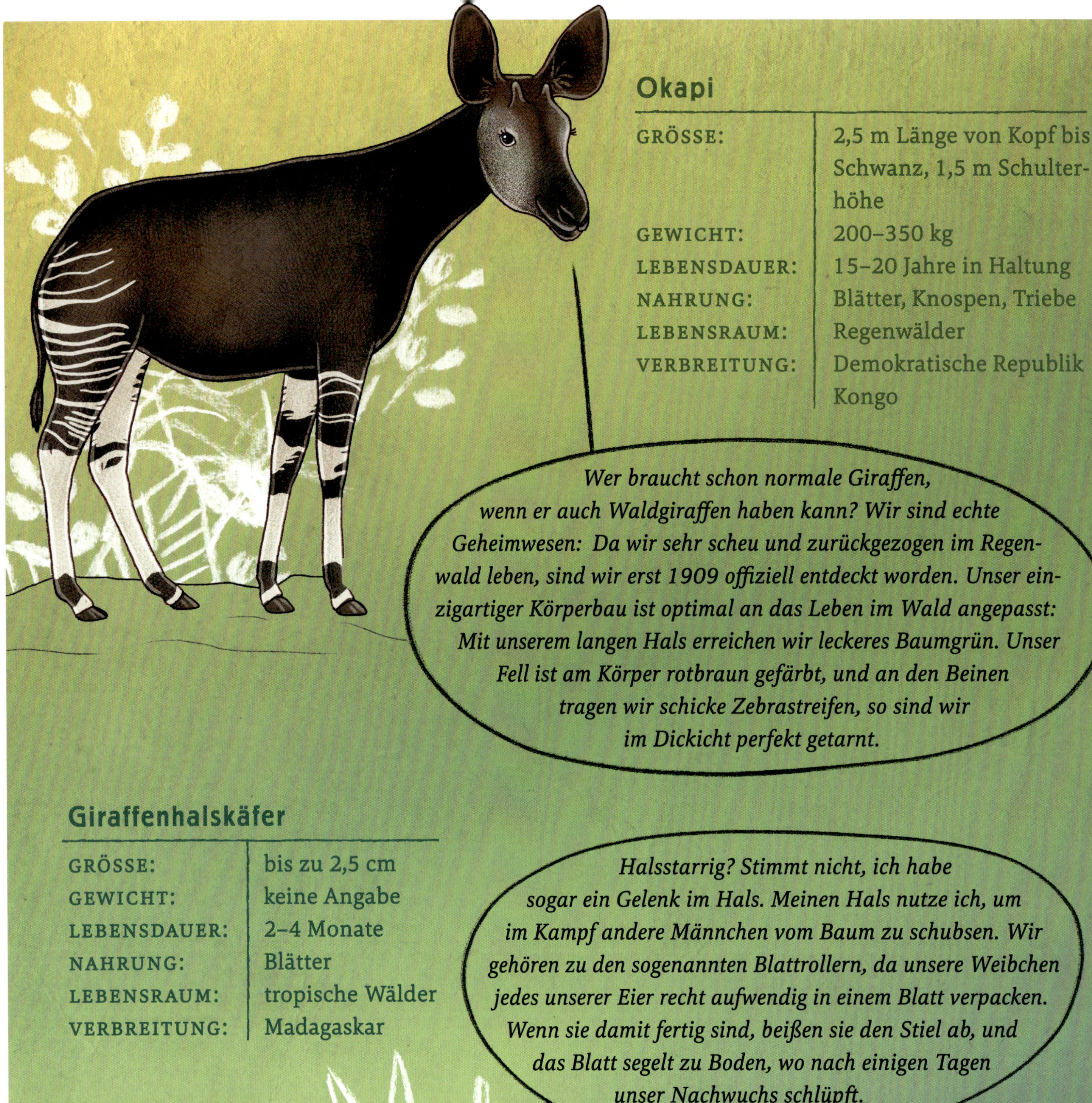

Okapi

GRÖSSE:	2,5 m Länge von Kopf bis Schwanz, 1,5 m Schulterhöhe
GEWICHT:	200–350 kg
LEBENSDAUER:	15–20 Jahre in Haltung
NAHRUNG:	Blätter, Knospen, Triebe
LEBENSRAUM:	Regenwälder
VERBREITUNG:	Demokratische Republik Kongo

Wer braucht schon normale Giraffen, wenn er auch Waldgiraffen haben kann? Wir sind echte Geheimwesen: Da wir sehr scheu und zurückgezogen im Regenwald leben, sind wir erst 1909 offiziell entdeckt worden. Unser einzigartiger Körperbau ist optimal an das Leben im Wald angepasst: Mit unserem langen Hals erreichen wir leckeres Baumgrün. Unser Fell ist am Körper rotbraun gefärbt, und an den Beinen tragen wir schicke Zebrastreifen, so sind wir im Dickicht perfekt getarnt.

Giraffenhalskäfer

GRÖSSE:	bis zu 2,5 cm
GEWICHT:	keine Angabe
LEBENSDAUER:	2–4 Monate
NAHRUNG:	Blätter
LEBENSRAUM:	tropische Wälder
VERBREITUNG:	Madagaskar

Halsstarrig? Stimmt nicht, ich habe sogar ein Gelenk im Hals. Meinen Hals nutze ich, um im Kampf andere Männchen vom Baum zu schubsen. Wir gehören zu den sogenannten Blattrollern, da unsere Weibchen jedes unserer Eier recht aufwendig in einem Blatt verpacken. Wenn sie damit fertig sind, beißen sie den Stiel ab, und das Blatt segelt zu Boden, wo nach einigen Tagen unser Nachwuchs schlüpft.

Stachel-Zwergchamäleon

GRÖSSE:	8–10 cm
GEWICHT:	2–5 g
LEBENSDAUER:	ca. 2–3 Jahre
NAHRUNG:	Heuschrecken, Insekten, kleine Eidechsen
LEBENSRAUM:	Regenwälder
VERBREITUNG:	Madagaskar

Ich habe eine extrem scharfe Zunge. Und nicht nur das, sie ist sogar 2,5-mal so lang wie mein Körper. Ich kann sie mit einer irren Geschwindigkeit aus meinem Maul schleudern. Dabei beschleunigt sie von 0 auf 100 km/h in einer Hundertstelsekunde. So haben Grillen kaum eine Chance, mir zu entkommen.

LANGE HÄLSE, LANGE ZUNGE …

Ich trage mein Herz wortwörtlich auf der Zunge. Meine Zunge beginnt nämlich bereits in meiner Brusthöhle, da, wo auch mein Herz schlägt. Wäre die Zungenbasis in meiner Mundhöhle, würde meine Zunge immer raushängen. Sie ist nämlich 1,5-mal so lang wie mein gesamter Körper. Ich brauche so eine lange Zunge, um an den leckeren Nektar einer besonderen Glockenblume heranzukommen.

Röhrenlippen-Langnasenfledermaus

GRÖSSE:	5–6 cm
GEWICHT:	ca. 10 g
LEBENSDAUER:	ca. 6 Jahre
NAHRUNG:	Nektar, Früchte, Pollen, Insekten
LEBENSRAUM:	Regenwälder, Nebelwälder
VERBREITUNG:	Ecuador

In der Ruhe liegt die Kraft. Das ist wohl das Geheimnis unseres hohen Alters. Ich weiß, mein Verwandter Jonathan aus St. Helena ist mit 190 Jahren noch viel älter als ich und hat auch schon zwei Weltkriege überlebt. Dafür kann er aber nicht wie ich auf Bäume klettern.

Waldschildkröte

GRÖSSE:	20–30 cm
GEWICHT:	ca. 1 kg
LEBENSDAUER:	50–70 Jahre
NAHRUNG:	Gräser, Blätter, Schnecken, tropische Früchte, Würmer und Insekten
LEBENSRAUM:	Wälder, Waldlichtungen, Hecken, Waldränder
VERBREITUNG:	Europa, Nordafrika, Vorderasien

… SEHR, SEHR ALTE UND GANZ JUNGE.

Mein Geheimnis? Mein Schönheitsschlaf. Extreme Temperaturen von plus 100 °C bis zu minus 270 °C? Mir doch egal. Radioaktivität? Na und? Selbst in einem Vakuum oder bei absoluter Trockenheit kann ich jahrelang in einem todesähnlichen Zustand verharren: der sogenannten Kryptobiose. Dafür ziehe ich alle meine Beinchen wie Antennen ein und schrumpfe zu einem Tönnchen zusammen. Ich stelle meinen Stoffwechsel komplett ein und warte auf bessere Zeiten. Wenn es sein muss, über zehn Jahre.

Bärtierchen

GRÖSSE:	0,1–1,5 mm
GEWICHT:	0,00001–0,0005 g
LEBENSDAUER:	nahezu unsterblich
NAHRUNG:	Algenzellen
LEBENSRAUM:	feuchte Lebensräume wie Moos oder Laubstreu
VERBREITUNG:	weltweit

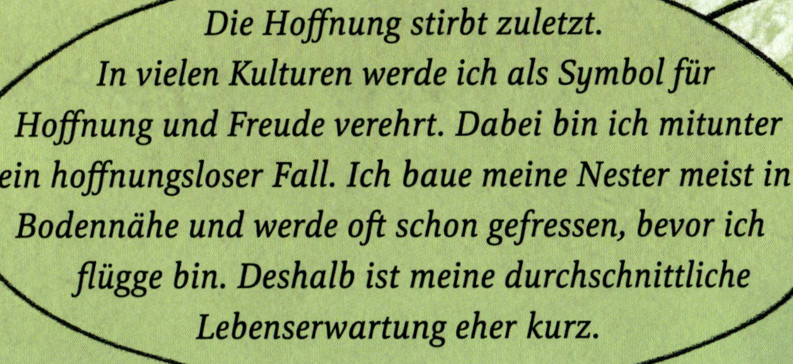

Rotkehlchen

GRÖSSE:	12–14 cm
GEWICHT:	16–22 g
LEBENSDAUER:	ca. 1 Jahr
NAHRUNG:	Insekten, Larven, Beeren und Früchte
LEBENSRAUM:	Wälder, Parks, Gärten
VERBREITUNG:	Europa, Asien, Nordafrika

Wasserspitzmaus

GRÖSSE:	5–8 cm
GEWICHT:	3–12 g
LEBENSDAUER:	ca. 1 Jahr
NAHRUNG:	Wasserasseln, Kleinkrebse, Insektenlarven, Schnecken
LEBENSRAUM:	Wälder, Buschland und Wiesen
VERBREITUNG:	Europa, Asien, Afrika, Amerika

Der Sprung ins kalte Wasser:
Wer nur ein Jahr Zeit hat, muss mitten ins Leben springen, damit es sich lohnt. Dafür schlägt mein Herz ca. 600 Mal pro Minute, und ich fresse doppelt so viel, wie ich wiege, pro Tag. Ich habe mich übrigens auf das Jagen unter Wasser spezialisiert. In meinem Leben kann ich bis zu zehnmal Nachwuchs bekommen. Wir müssen uns also keine Sorgen machen, dass wir aussterben.

Es geht doch nichts über ein entspanntes Schaumbad. Im Larvenstadium produziere ich beim Fressen eine Art Schaum, in dem ich mich vor Feinden verstecke. Den Schaum nennt man wenig appetitlich Kuckucks- oder Hexenspucke. Als ausgewachsenes Tier hüpfe ich einfach davon. Bis zu 70 cm weit sind meine Sprünge. Damit schlage ich sogar noch den Floh.

Wiesenschaumzikade

GRÖSSE:	7–10 mm
GEWICHT:	0,2–0,3 g
LEBENSDAUER:	ca. 2–3 Monate
NAHRUNG:	Gräser, Binsen, Kräuter, Gehölze
LEBENSRAUM:	Wälder, Wiesen und Felder
VERBREITUNG:	Europa, Nordafrika, Nordamerika, Asien

Ich lass die Bombe platzen. Ich bin bekannt für meine Verteidigungstaktik. Wenn ich mich bedroht fühle, spritzt aus speziellen Drüsen an meinem Popo eine heiße und ätzende Flüssigkeit, um Feinde abzuwehren. Ich pupse also, um zu überleben.

Bombadierkäfer

GRÖSSE:	1–2 cm
GEWICHT:	0,1–0,3 g
LEBENSDAUER:	ca. 1 Jahr
NAHRUNG:	Pflanzen, Puppen anderer Käfer
LEBENSRAUM:	Wälder, Wiesen und Felder
VERBREITUNG:	Weltweit

Blutsauger? Na und, dazu stehe ich. Ich lauere im Gras, am Wegesrand oder im Unterholz. Manchmal warte ich zehn Jahre, bis ich meinen Stachel in meinem Opfer vergrabe und mich festsauge. Gefährlich bin ich, weil ich fiese Krankheiten übertragen kann.

Zecke

GRÖSSE:	1–3 mm
GEWICHT:	0,0002–0,2 g
LEBENSDAUER:	ca. 2–3 Jahre
NAHRUNG:	Blut
LEBENSRAUM:	Wälder, Wiesen, Gebüsche
VERBREITUNG:	Weltweit

WIR SPUCKEN UND WIR SAUGEN …

Da schwirrt dir der Kopf! Ich kann bis zu 80-mal in der Sekunde mit meinen Flügeln schlagen, in der Luft schweben und sogar rückwärts fliegen. Deshalb werde ich häufig mit einem Kolibri verwechselt. Mit meinem Saugrüssel, der ungefähr so lang ist wie mein gesamter Körper, kann ich an bis zu 100 Blüten pro Minute tanken. Muss ich auch, bei meinem Energiebedarf.

Taubenschwänzchen

GRÖSSE:	3,5–5 cm
GEWICHT:	0,3–0,6 g
LEBENSDAUER:	Keine Angabe
NAHRUNG:	Nektar
LEBENSRAUM:	Wälder, Parks, Blumenwiesen
VERBREITUNG:	Europa, Asien, Afrika, Nordamerika

Sternmull

GRÖSSE:	6–12 cm
GEWICHT:	20–40 g
LEBENSDAUER:	2–3 Jahre
NAHRUNG:	Regenwürmer, Egel, Insekten und ihre Larven, Weichtiere, Krebstiere
LEBENSRAUM:	Wälder, feuchte Wiesen, Gärten, Parks
VERBREITUNG:	Nordamerika

… LANGE NASEN, VIELE AUGEN.

Ameisenbär

GRÖSSE:	180–220 cm
GEWICHT:	30–50 kg
LEBENSDAUER:	10–20 Jahre
NAHRUNG:	Ameisen, Termiten
LEBENSRAUM:	Wälder, Savannen, Sumpfgebiete, Plantagen
VERBREITUNG:	Mittel- und Südamerika

Gefleckte Prachtlibelle

GRÖSSE:	4–4,5 cm
GEWICHT:	100–140 g
LEBENSDAUER:	ca. 2 Monate
NAHRUNG:	Kleine Insekten, Wasserinsekten
LEBENSRAUM:	langsame oder stehende Gewässer wie z. B. Wald- und Moorseen
VERBREITUNG:	Nordamerika

Spieglein, Spieglein an der Wand … Na klar, ich bin die Schönste im ganzen Land. Ich schillere in leuchtenden Farben, wenn ich durch die Luft sause. Dabei kann ich sogar auf der Stelle und rückwärts fliegen. Damit wir gegenseitig all unsere coolen Moves mitbekommen, haben wir sogenannte Facettenaugen. Diese bestehen aus bis zu 30.000 Einzelaugen, die ca. 70 % meiner Kopffläche einnehmen.

Ich sehe was, was du nicht siehst, und das wird gleich gefressen. In der Luft stehend entdecke ich meine Beute aus einer Entfernung von bis zu 100 m. Ich habe quasi ein eingebautes Fernglas in meinen Augen. Außerdem kann ich die Pinkelspuren von Mäusen erkennen, da ihr Urin UV-Licht reflektiert.

Mäusebussard

GRÖSSE:	50–60 cm
GEWICHT:	550–1300 g
LEBENSDAUER:	12–16 Jahre
NAHRUNG:	kleine Säugetiere, Vögel
LEBENSRAUM:	Wälder, offene Landschaften, Parks, Felder und Wiesen
VERBREITUNG:	Europa, Asien, Nordafrika

Saola

GRÖSSE:	1,1–1,5 m
GEWICHT:	bis zu 90 kg
LEBENSDAUER:	unbekannt
NAHRUNG:	Pflanzenfresser
LEBENSRAUM:	tropische Wälder
VERBREITUNG:	Laos, Vietnam

SIND DIE LETZTEN,

Amurleopard

GRÖSSE:	60–110 cm
GEWICHT:	48 kg
LEBENSDAUER:	10–17 Jahre
NAHRUNG:	Huftiere wie Hirsche, Moschustiere oder Wildschweine, Marderhunde, Kleinsäuger, Vögel
LEBENSRAUM:	Bergwälder, Laub- und Nadelwälder
VERBREITUNG:	Russland, China

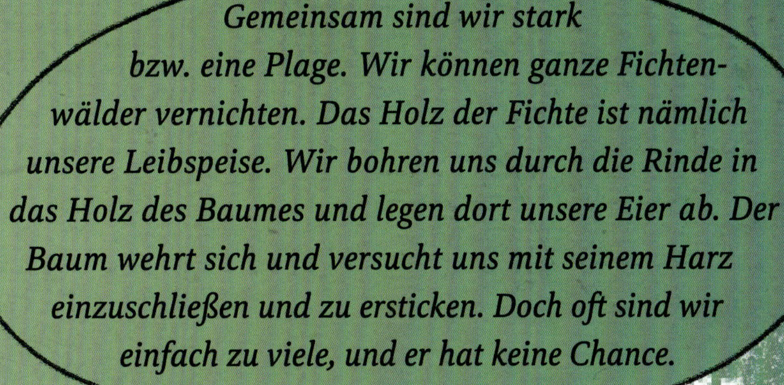

Buchdrucker

GRÖSSE:	2–7 mm
GEWICHT:	sehr leicht
LEBENSDAUER:	1 Jahr
NAHRUNG:	Fichtenholz
LEBENSRAUM:	Fichtenwälder
VERBREITUNG:	weltweit

SIND ZU VIELE …

Ich wasche meine Hände in Unschuld. Na ja, eigentlich drehe und wende ich meine Beute, die ich aus Teichen und Bächen fische, noch unter Wasser hin und her, um sie zu begutachten. Daher kommt mein Name. Das Wahrzeichen von Berlin sollte eigentlich kein Bär, sondern ein Waschbär sein. Uns zieht es nämlich in die Hauptstadt. Rund 800 Waschbärenfamilien leben mittlerweile in Berlin und seinen Außenbezirken.

Waschbär

GRÖSSE:	40–70 cm
GEWICHT:	3–14 kg
LEBENSDAUER:	2–3 Jahre in freier Wildbahn
NAHRUNG:	Allesfresser
LEBENSRAUM:	Wälder, Parks, Städte
VERBREITUNG:	Nord- und Mittelamerika, Europa, Asien

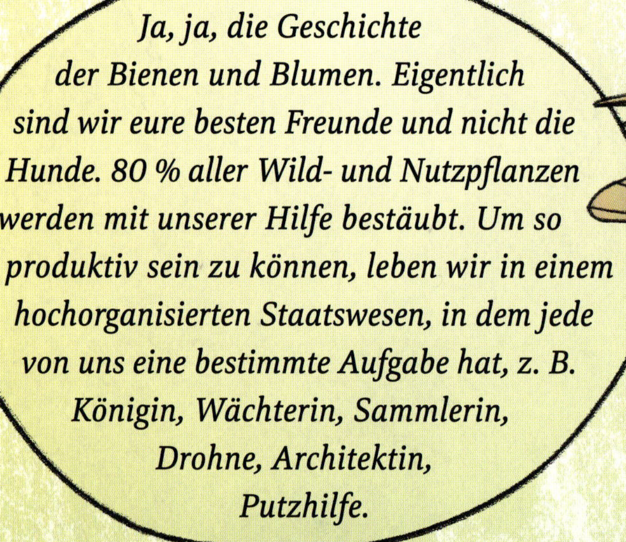

Biene

GRÖSSE:	ca. 12–15 mm
GEWICHT:	ca. 0,1 g
LEBENSDAUER:	4–6 Wochen
NAHRUNG:	Nektar, Pollen, Honigtau, Wasser
LEBENSRAUM:	Wiesen, Felder, Wälder, Parks
VERBREITUNG:	Weltweit, außer Antarktis

… LEBEN IN STAATEN, IN EXILEN.

Rote Waldameise

GRÖSSE:	4–8 mm
GEWICHT:	wenige Milligramm
LEBENSDAUER:	1–3 Jahre
NAHRUNG:	Aas, Honigtau, Insekten, Spinnentiere
LEBENSRAUM:	Wälder, Parks, Gärten, Grasland
VERBREITUNG:	Europa, Asien, Nordafrika, Nordamerika

Our home is our castle. Bis zu zwei Millionen von uns bevölkern die Ameisenhügel, die wir an Waldrändern und Lichtungen bauen. Hier schützen wir uns und unsere Brut. Unsere Gänge sind so angelegt, dass kein Wasser eindringen kann, und geht mal was kaputt, ist es in Nullkommanichts repariert. Wir entfernen uns zur Nahrungssuche nie weiter als 50 m von unserem Zuhause.

Großer Panda

GRÖSSE:	ca. 1,20–1,50 m
GEWICHT:	70–160 kg
LEBENSDAUER:	20 Jahre, 36 Jahre in Haltung
NAHRUNG:	Bambus
LEBENSRAUM:	Bergwälder und Bambusdickichte
VERBREITUNG:	Zentralchina

Zweisamkeit? Nein danke. Ich steh auf Einsamkeit. Wenn ich nachts mein bis zu 1000 m² großes Revier durchstreife, bin ich in meinem Element. Ihr habt mir den Namen »Jag War« gegeben, was so viel bedeutet wie: der im Fliegen jagt. Und ich bin ein wahrlich tödlicher Jäger. Selbst Krokodile sind vor meinen mächtigen Kiefern, mit denen ich auch Schildkrötenpanzer knacken kann, nicht sicher.

Jaguar

GRÖSSE:	ca. 1,10–1,85 m
GEWICHT:	56–120 kg
LEBENSDAUER:	15 Jahre, 28 Jahre in Haltung
NAHRUNG:	Affen, Agutis, Ameisenbären, Faultiere, Fische, Gürteltiere, Hirsche, Hörnchen, Krokodile, Leguane, Nabelschweine, Schildkröten, Tapire, Vögel, Wasserschweine etc.
LEBENSRAUM:	Regenwälder, Feuchtgebiete, Savannen
VERBREITUNG:	Mittel- und Südamerika

In deiner Haut will ich nicht stecken. Du aber leider in meiner. Ich habe nämlich das feinste und dichteste Fell im Tierreich. Deshalb wurde es über Jahrhunderte als eines der wertvollsten Felle gehandelt. Besonders in Russland war es ein Statussymbol. Die Krone des russischen Zaren war bis ins 17. Jahrhundert eine juwelenbesetzte Zobelfellmütze.

Zobel

GRÖSSE:	30–40 cm
GEWICHT:	0,6–2 kg
LEBENSDAUER:	4–5 Jahre, 18 Jahre in Haltung
NAHRUNG:	Kleine Säugetiere wie Mäuse, Ratten, Kaninchen, Spitzmäuse und Maulwürfe
LEBENSRAUM:	Wälder, Steppen und Tundren
VERBREITUNG:	Europa, Asien

Hermelin

GRÖSSE:	20–30 cm
GEWICHT:	0,15–0,4 kg
LEBENSDAUER:	2–3 Jahre, 12 Jahre in Haltung
NAHRUNG:	Kleine Säugetiere wie Mäuse, Ratten, Kaninchen, Spitzmäuse und Maulwürfe
LEBENSRAUM:	Offene Landschaften und Tundren
VERBREITUNG:	Europa, Asien und Nordamerika

Ich bin ein Meister der Tarnung. Je nach Jahreszeit kann ich meine Fellfarbe wechseln. Im Sommer habe ich eine braune Oberseite und eine weiße Unterseite. Im Winter passe ich mich durch ein komplett weißes Fell hervorragend an die Schneelandschaft an, um mich vor meinen Fressfeinden, wie z. B. Eulen, Füchsen und Wölfen, zu verstecken.

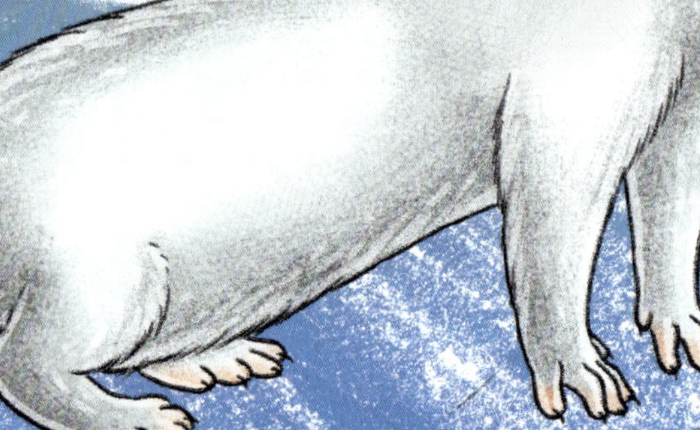

Wapiti

GRÖSSE:	1,50–2,20 m
GEWICHT:	200–450 kg
LEBENSDAUER:	10–20 Jahre
NAHRUNG:	Junges Laub, Wurzelknollen, Eicheln, Bucheckern, Kastanien, wildes Obst, Knospen und junge Zweigspitzen von Nadelhölzern. Im Winter fressen die Tiere außerdem Moose und Flechten.
LEBENSRAUM:	Wälder und Grasland
VERBREITUNG:	Nordamerika und Ostasien

TRAGEN PELZ ODER GEWEIH …

Nimm die Schaufel nicht zu voll, wenn die Arbeit reichen soll. Ich bin das größte Mitglied der Hirschfamilie …

… und habe ein sogenanntes Schaufelgeweih, das bis zu 2 m breit und 20 kg schwer werden kann. Um es tragen zu können, habe ich einen Buckel auf den Schultern. Hier setzen viele Sehnen und Muskeln an.

Elch

GRÖSSE:	1,8–2,3 m (Schulterhöhe)
GEWICHT:	300–800 kg
LEBENSDAUER:	ca. 10–20 Jahre
NAHRUNG:	Frische Triebe, Blätter, Wasserpflanzen, Kräuter und Gras
LEBENSRAUM:	Wälder, Sümpfe, Tundra
VERBREITUNG:	Nordamerika, Europa, Asien

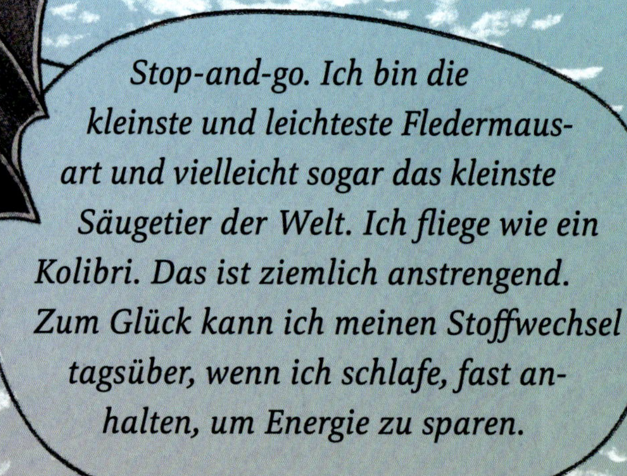

Hummelfledermaus

GRÖSSE:	2,9–3,3 cm
GEWICHT:	1,7–2 g
LEBENSDAUER:	bis zu 6 Jahre
NAHRUNG:	Kleine Insekten und Spinnen
LEBENSRAUM:	Wälder und Felder, Kalksteinhöhlen als Schlafplätze
VERBREITUNG:	Thailand, Myanmar

… SIND FEDERLEICHT UND SCHWER WIE BLEI.

Bienenelfe

GRÖSSE:	6 cm
GEWICHT:	2–3 g
LEBENSDAUER:	bis zu 6 Jahre
NAHRUNG:	Nektar
LEBENSRAUM:	tropische Wälder
VERBREITUNG:	Kuba

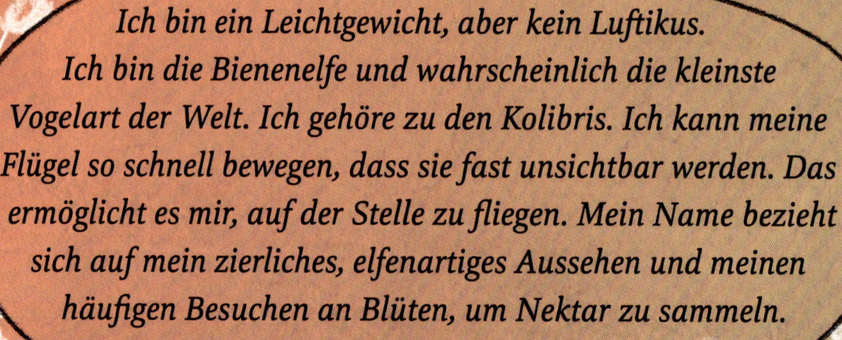

Wisent

GRÖSSE:	bis zu 2,4 m lang und bis zu 1,9 m hoch
GEWICHT:	bis zu 1.000 kg
LEBENSDAUER:	bis zu 25 Jahre
NAHRUNG:	Gras, Kräuter, Pilze
LEBENSRAUM:	Gemäßigte Laub-, Nadel- und Mischwälder
VERBREITUNG:	Osteuropa

Wir sind nicht nur schwer, wir hatten es auch sehr schwer. Unser letzter frei lebender Vertreter wurde 1927 im Kaukasus erschossen. Allerdings gab es noch Tiere in Zoos. Durch Zucht und Auswilderungen von Zootieren ist es gelungen, wieder diverse Herden in Europa anzusiedeln. Auch im Rothaargebirge in Deutschland. Wir sind die größten europäischen Landsäugetiere. Es wäre doch wirklich eine Schande, wenn es uns nur noch in Zoos gäbe, oder?

Schwere Kost! Im Larvenstadium wiege ich bis zu 110 g. Damit bin ich das schwerste Insekt überhaupt. Ich diene damit aber leider auch als Eiweißlieferant und werde gerne von euch aufgegessen. Trotz meiner Größe und meiner wirklich imposanten Hörner bin ich völlig harmlos.

Goliathkäfer

GRÖSSE:	bis zu 11 cm lang
GEWICHT:	Larven bis zu 110 g
LEBENSDAUER:	bis zu 1 Jahr
NAHRUNG:	Baumsaft
LEBENSRAUM:	tropische Regenwälder
VERBREITUNG:	Zentralafrika

WO DIE WILDEN TIERE WOHNEN

Region und Klima:

Der boreale Nadelwald, auch Taiga genannt, erstreckt sich in der Nähe des Polarkreises über weite Gebiete in Nordamerika, Europa und Asien. Hier herrscht Kontinentalklima mit langen, kalten Wintern und kurzen, kühlen Sommern.

Bodenbeschaffenheit:

Der Boden im borealen Nadelwald ist oft sauer und nährstoffarm. Dadurch können sich nur spezialisierte Pflanzenarten ansiedeln.

Vegetation:

Im borealen Nadelwald dominieren immergrüne Fichten, Kiefern und Tannen. Statt Blätter haben diese Bäume Nadeln, die ihnen helfen, Wasser und Nährstoffe in den kalten Wintermonaten zu speichern.

Tierarten:

Die Tiere des borealen Nadelwaldes haben sich an die spezifischen Lebensbedingungen angepasst und kommen gut mit Kälte und überschaubarem Nahrungsangebot zurecht.

Du kannst hier auf den majestätischen Elch treffen, der mit seinen großen Schaufelgeweihen im Wald umherstreift, oder das flinke Hermelin, das zwischen den Sträuchern umherwieselt.

In den Baumkronen kannst du mit etwas Glück das emsige Eichhörnchen entdecken. Mit seinem buschigen Schwanz und schnellen Bewegungen klettert es geschickt von Ast zu Ast und sammelt Nüsse für den Winter.

Auch der kleine, aber starke Biber lebt hier und baut beeindruckende Dämme aus Ästen und Schlamm, um kleine Stauseen anzulegen. Und wenn du ganz leise bist, hörst du vielleicht den Ruf des geheimnisvollen Waldkauzes.

Einer der größten Jäger und Sammler im borealen Nadelwald ist der Grizzlybär. Er ernährt sich von Fischen, Beeren und manchmal auch von Honig. Doch keine Sorge, solange man Abstand hält und ihn nicht stört, ist er ein friedlicher Waldbewohner.

WO DIE WILDEN TIERE WOHNEN

REGION UND KLIMA:

Tropische Regenwälder befinden sich hauptsächlich in den äquatorialen Regionen der Erde, wie beispielsweise im Amazonasgebiet in Südamerika, dem Kongobecken in Afrika und den Inseln Südostasiens. Der Regenwald zeichnet sich durch ein heißes und feuchtes Klima aus. Hohe Temperaturen und hohe Luftfeuchtigkeit sind das ganze Jahr über präsent. Regen, daher auch der Name Regenwald, fällt fast täglich. Es gibt kaum Regionen auf der Welt, wo es öfters regnet.

BODENBESCHAFFENHEIT:

Bei der üppigen Vegetation würde man es vielleicht nicht vermuten, aber der Boden im tropischen Regenwald ist oft arm an Nährstoffen. Die schnelle Zersetzung von abgefallenen Blättern und organischem Material führt dazu, dass die Nährstoffe größtenteils in der Vegetation und nicht im Boden zurückgehalten werden.

VEGETATION:

Hohe Bäume, wie z. B. der Riesenmammutbaum, der Kapokbaum, die Würgefeige oder der Teakbaum ragen in den Himmel und bilden eine grüne Überdachung. Die Baumkronen sind so dicht, dass kaum Sonnenstrahlen hindurchdringen. Unter den hohen Bäumen wachsen kleinere Pflanzen wie Farne und Lianen, die sich um die Stämme winden. An den Ästen hängen Orchideen und Bromelien, wunderschöne Blumen in leuchtenden Farben. Auf dem Waldboden findest du Moos, das wie ein weicher grüner Teppich aussieht. Im Regenwald ist jeder Zentimeter voller Leben, und die Pflanzen konkurrieren immerfort um Sonnenlicht und Nährstoffe.

TIERARTEN:

Der tropische Regenwald beherbergt eine erstaunliche Vielfalt an Tierarten: gut getarnte Jaguare, Tiger und Pumas, die durch das Dickicht schleichen, farbenfrohe Papageien, Hornvögel und Kolibris, die durch die schwüle Luft sausen, Primaten wie Schimpansen und Orang-Utans, die sich durch die Äste hangeln, und exotische Reptilien wie Schlangen und Krokodile, die über den Waldboden kriechen oder sich in Tümpeln verstecken. Nicht zu vergessen die Abermillionen Insekten und Spinnentiere.

WO DIE WILDEN TIERE WOHNEN

Region und Klima:

Laubmischwälder findet man in den gemäßigteren Klimazonen in Europa, Nordamerika und Teilen Asiens, aber auch in einigen subtropischen und tropischen Gebieten. Laubwälder haben in der Regel ein milderes Klima im Vergleich zu anderen Waldtypen. Sie erleben typischerweise vier Jahreszeiten mit warmen Sommern, kühlen Herbsttagen, kalten Wintern und milden Frühlingen.

Bodenbeschaffenheit:

Der Boden im Laubwald ist in der Regel reich an organischem Material, das von abgeworfenen Blättern und Pflanzenresten stammt. Dadurch ist der Boden fruchtbar und unterstützt eine Vielzahl von Pflanzenarten.

Vegetation:

Im Laubwald dominieren Bäume mit breiten, flachen Blättern, die im Herbst ihre Farben ändern und im Winter abgeworfen werden. Laubbäume wie Eichen, Buchen, Ahorne und Birken sind typisch für diesen Waldtyp. Unter den Bäumen wachsen Sträucher, Farne und eine Vielzahl von Wildblumen.

Tierarten:

Der Laubwald bietet Lebensraum für eine große Vielfalt an Tieren. Rehe, Rothirsche und Wildschweine sind seine größten Bewohner, aber auch kleinere Säugetiere wie Igel, Hasen, Füchse und Marder leben hier und teilen sich den Lebensraum mit Vögeln wie z. B. den Finken, Spechten und Eulen. Auch Insekten wie z. B. Schmetterlinge und Bienen sind häufig im Laubwald anzutreffen. Und wenn du dir die Mühe machst, unter dem herabgefallenen Laub zu suchen, wirst du viele wirbellose Tiere wie Schnecken, Würmer und Käfer finden.

WO DIE WILDEN TIERE WOHNEN

REGION UND KLIMA:

Hartlaubwälder kommen hauptsächlich in mediterranen Regionen der Welt vor, wie beispielsweise im Mittelmeerraum, in Teilen Kaliforniens und Australiens. Der Hartlaubwald ist durch ein mediterranes Klima geprägt. Das bedeutet, dass er heiße, trockene Sommer und milde, feuchte Winter hat. Die jährliche Niederschlagsmenge ist relativ gering und konzentriert sich oft auf den Winter.

BODENBESCHAFFENHEIT:

Der Boden im Hartlaubwald ist oft karg und trocken. Er besteht aus sandigen oder kiesigen Böden, die eine geringe Wasserspeicherkapazität haben. Dies ist eine Herausforderung für die Pflanzen, die im Hartlaubwald gedeihen.

VEGETATION:

Die Vegetation im Hartlaubwald besteht hauptsächlich aus immergrünen Bäumen und Sträuchern, die an die trockenen Bedingungen angepasst sind. Typische Baumarten sind Eichen, Olivenbäume, Zypressen und Pinien. Die Pflanzen haben oft harte, ledrige Blätter und tiefe Wurzelsysteme, um Wasser zu speichern.

TIERARTEN:

Die Tierwelt im Hartlaubwald ist an die trockenen Bedingungen angepasst. Kleine Säugetiere wie Eichhörnchen, Kaninchen und Dachse sind häufig anzutreffen. Reptilien wie Eidechsen und Schlangen sind ebenfalls verbreitet. Vögel wie der Pirol und der Bienenfresser sind charakteristisch für diesen Lebensraum.

WO DIE WILDEN TIERE WOHNEN

Region und Klima:

Vornehmlich entstehen Trockenwälder in den Tropen und Subtropen, in Regionen mit ausgeprägten Trockenzeiten, die länger als zwei Monate anhalten. Die Bäume dieser regengrünen Trockenwälder werfen in der Trockenzeit ihr Laub ab, um Wasser zu sparen. So reicht das in den Böden gespeicherte Wasser, um den Bäumen das Überleben zu sichern. In noch trockeneren Regionen weichen die Trockenwälder tropischen Savannen oder Strauchsavannen.

Bodenbeschaffenheit:

Der Boden im Trockenwald ist oft sandig oder lehmig und hat eine geringe Wasserspeicherkapazität. Das Wasser versickert schnell, was zu Trockenheit und mangelnder Verfügbarkeit von Wasser für die Pflanzen führt.

Vegetation:

Die Vegetation im Trockenwald ist an die trockenen Bedingungen angepasst. Typische Pflanzenarten sind Dornbüsche, Sukkulenten, Kakteen und Bäume mit tiefen Wurzelsystemen, um Wasser aus tieferen Bodenschichten zu erreichen. Laubabwurf und kleinere Blätter sind ebenfalls häufig anzutreffen, um Wasserverlust zu minimieren.

Tierarten:

Die Tierwelt im Trockenwald besteht aus spezialisierten Arten, die an die Trockenheit angepasst sind. Dazu gehören Tiere wie Wüstenfüchse, Leguane, Schlangen, Kängurus, Erdhörnchen und bestimmte Vogelarten, wie z. B. Wüstengeier und Würger. Einige Tiere wie etwa die Gerenuk Gazelle haben spezielle Fähigkeiten entwickelt, um mit Wasserknappheit umzugehen. So bezieht die Gerenuk ihren gesamten Flüssigkeitsbedarf aus der Nahrung und muss kein Wasser trinken.

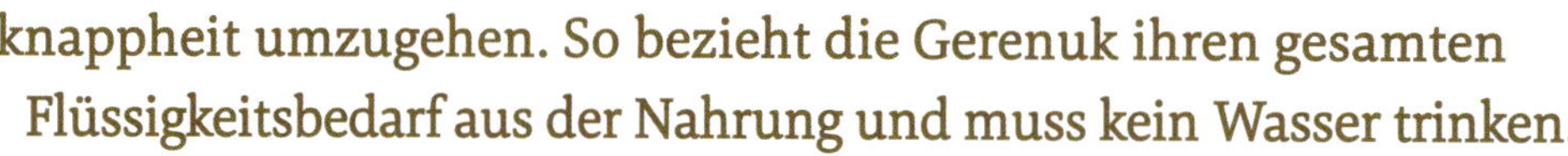

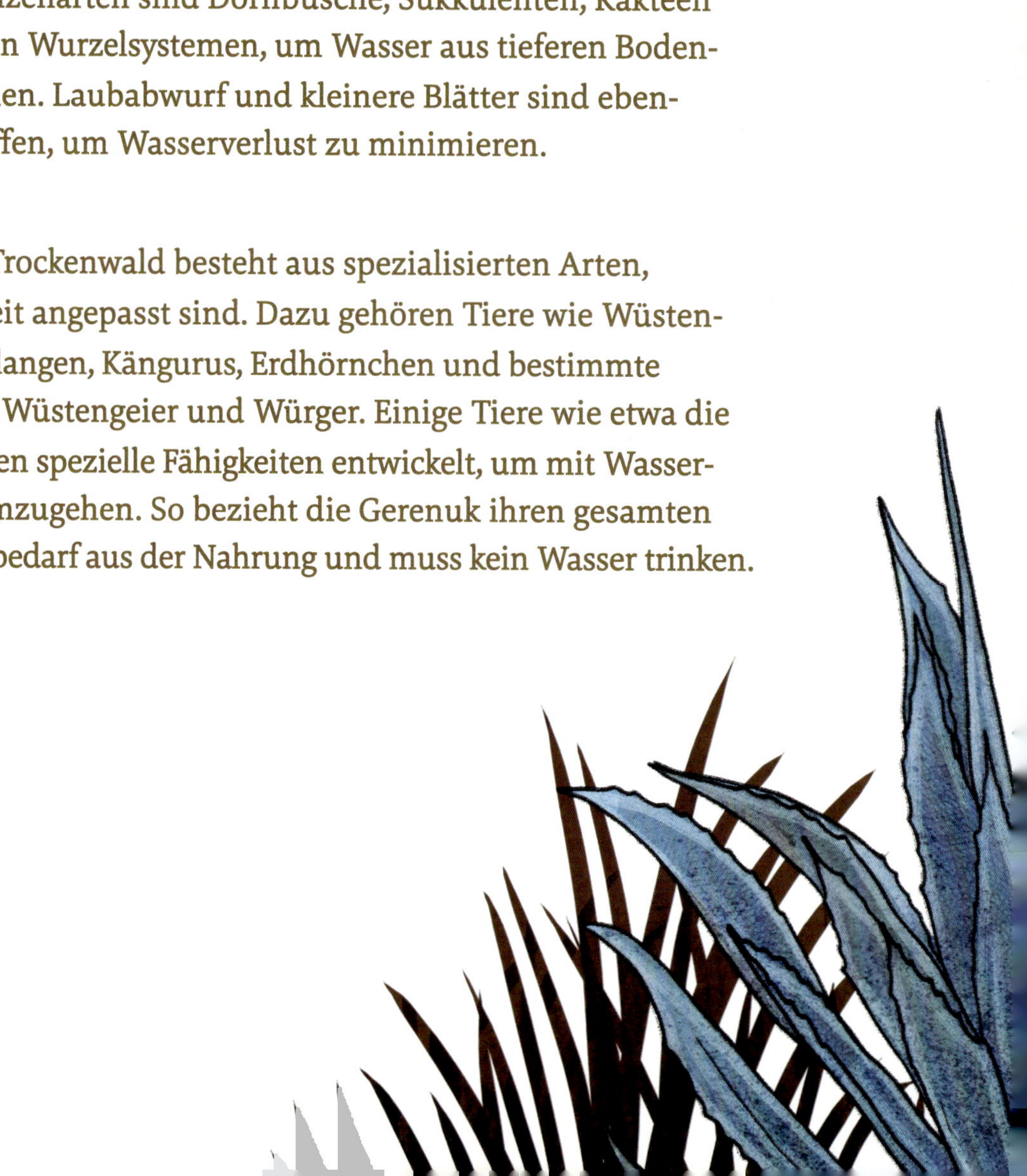

Das ist ja wohl die Höhe!
Mir kann keiner die Aussicht verstellen. Ich bin nämlich der höchste Baum der Welt. Mein Stamm ist schlank und zylindrisch, meine Rinde ist rotbraun und dick wie eine Rüstung. Sie ist mir ein guter Schutz vor Bränden und Schädlingen. Meine Äste sind relativ dünn und flexibel, um den starken Winden in der Region standzuhalten. Ziemlich lustig ist, dass nur wenige von euch wissen, wo genau im Redwood-Nationalpark ich stehe, damit mir niemand Schaden zufügt. Bei meiner Größe ist verstecken natürlich gar nicht so einfach.

Der höchste Baum der Welt

NAME:	Hyperion
ART:	Küstenmammutbaum *(Sequoia sempervirens)*
HÖHE:	etwa 115,5 m (der höchste bekannte Baum der Welt)
STANDORT:	Redwood-Nationalpark in Kalifornien, USA
ALTER:	ca. 700–800 Jahre

Der mächtigste Baum der Welt

NAME:	General Sherman
ART:	Küstenmammutbaum *(Sequoiadendron giganteum)*
HÖHE:	ca. 83,8 m
STANDORT:	Sequoia-Nationalpark in Kalifornien, USA
ALTER:	Das genaue Alter ist nicht bekannt, aber es wird geschätzt, dass General Sherman zwischen 2.300 und 2.700 Jahre alt ist.

Der älteste Baum der Welt

NAME:	Methuselah
ART:	Kiefer *(Pinus longaeva)*
STANDORT:	White Mountains in Kalifornien, USA
ALTER:	Etwa 4.845 Jahre

BAUMREKORDE

Der allerälteste Baum der Welt

NAME:	Old Tjikko
ART:	Gemeine Fichte *(Picea abies)*
STANDORT:	Fulufjället National Park, Schweden
ALTER:	Etwa 9.550 Jahre (ältester bekannter Baum der Welt)
HÖHE:	Etwa 5 m

Ich schon wieder. Mein Stamm mag nicht so alt sein, wie der meines alten Freundes Methuselah. Dafür aber meine Wurzeln. Und aus denen treiben immer wieder neue Vertreter von mir durch die Erde. Aufgrund dieses sich wiederholenden Wachstums aus demselben Wurzelsystem kann man schon sagen, dass ich seit über 9.500 Jahren kontinuierlich existiere.

BAUMREKORDE

Der dickste Baum der Welt

NAME:	El Gigante
ART:	Mexikanische Sumpfzypresse/Ahuehuete *(Taxodium macronatum)*
Höhe:	Etwa 40 m (einer der größten Ahuehuete-Bäume in Mexiko)
STANDORT:	Oaxaca, Mexiko
ALTER:	Das genaue Alter ist nicht bekannt, aber es wird geschätzt, dass El Gigante mehrere Jahrhunderte alt ist.

Der schwerste Baum der Welt

NAME:	Pando oder Der zitternde Riese
ART:	Zitterpappel *(Populus tremuloides)*
GEWICHT:	6 Millionen kg
STANDORT:	Fishlake National Forest in Utah/USA
ALTER:	Man könnte sagen 80.000 Jahre, aber das wäre Methuselah und Old Tjikko gegenüber gemein

AUTORIN UND ILLUSTRATORIN

Sophie Schoenwald wurde 1980 in Bayern geboren und lebt und arbeitet in Köln. Die studierte Kommunikationswissenschaftlerin mag Tiere und reist sehr gerne. Schon als Kind war sie am liebsten in der Natur unterwegs oder vertiefte sich in ihre Lieblingsbücher, die sie oft noch spätabends mit der Taschenlampe unter der Bettdecke zu Ende las. Damals hätte sie es sich nicht träumen lassen, dass sie eines Tages Tiergeschichten für Bilderbücher schreiben würde.

Alexandra Helm wurde in Offenbach am Main geboren und wuchs – dank ihrer Eltern – umgeben von vielen Kinderbüchern auf. Sie fing schon im Kindergarten mit dem Zeichnen an und studierte ein paar Jährchen später an der Hochschule für Gestaltung in Offenbach Grafikdesign mit Schwerpunkt Illustration. 2015 machte sie sich dann als Illustratorin selbstständig. Das Illustrieren von Kinderbüchern lässt sie am frühen Morgen förmlich aus dem Bett hüpfen!

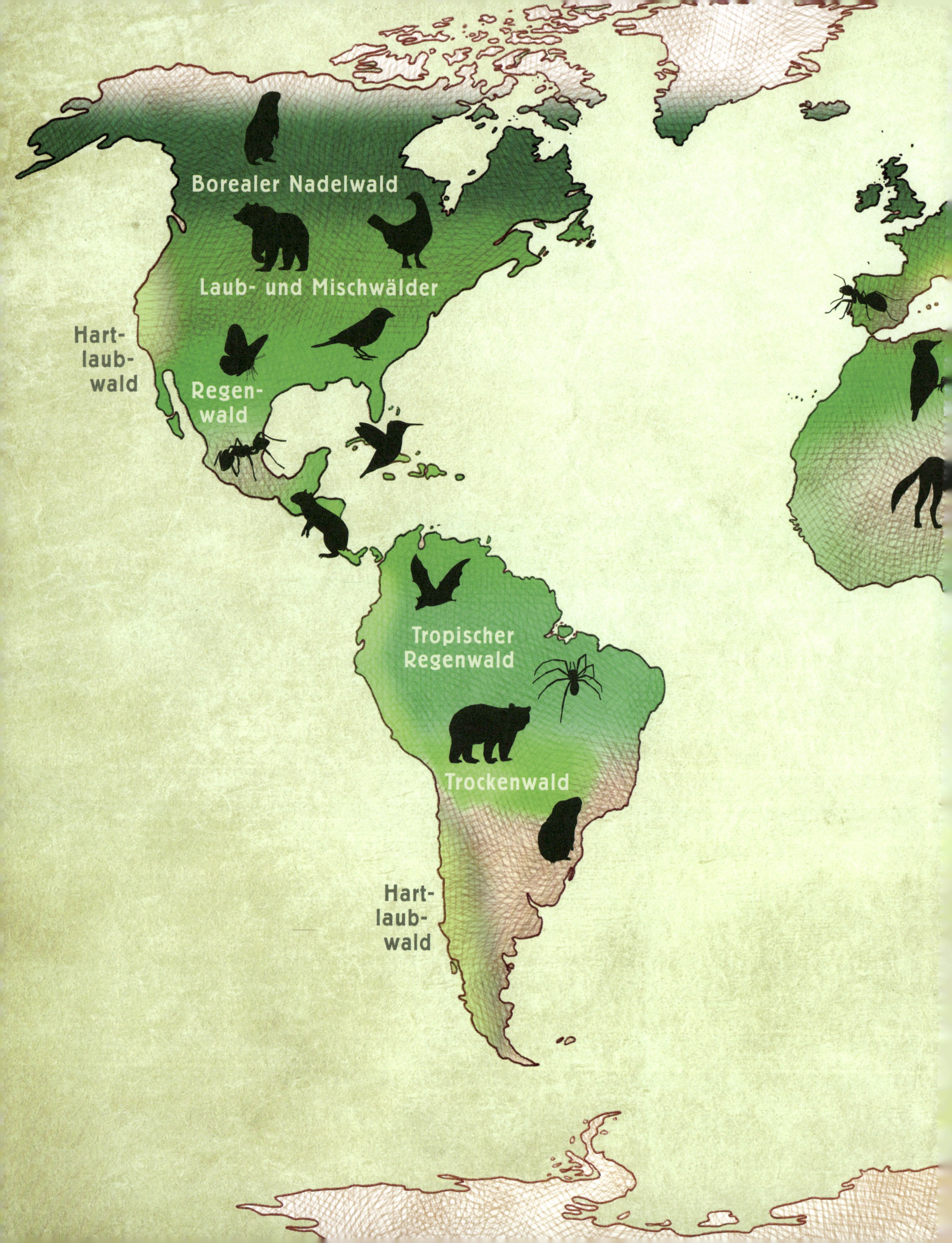

Borealer Nadelwald
Laub- und Mischwälder
Hart-
laub-
wald
Regen-
wald
Tropischer
Regenwald
Trockenwald
Hart-
laub-
wald